글 | 양지안

어린이 책 작가 교실에서 공부했으며, 《애벌레는 알고 있을까?》로 제10회 MBC 창작 동화 대상을 받았습니다.
창작 그림책 《도와줘》《수탉은 바빠》, 창작 동화책 《천만의 말씀 만만의 콩떡》, 인물 이야기 《노력파는 아무도 못 당해》를 비롯하여 여러 권의 어린이 책을 썼습니다. 이 글을 쓰면서 판사가 얼마나 어렵고 중요한 일을 하는지 새삼 깨달았습니다. 마음 따뜻하고 올곧은 판사가 되고 싶은 어린이들과 판사라는 직업이 궁금한 어린이들에게 도움이 되길 바랍니다.

그림 | 김상균

대학에서 일러스트레이션을 전공했으며, 황금도깨비상 가작을 수상했습니다. 어린이 책 작가 교실에서 글공부를 하며 그림책 작업을 함께 하고 있습니다. 《이야기가 맨 처음 생겨난 이야기》《서랍속의 장난감》《백설공주를 미워한 난쟁이》《거위 게임》 등 여러 권의 어린이 책에 그림을 그렸습니다. 이 책에서는 딱딱하게만 느껴지는 법정의 모습과 그 안의 인물들을 콜라주 기법을 이용해 표현하고 친근한 판사의 캐릭터를 최대한 살리려고 노력했습니다.

감수 | 마은혁

어떻게 하면 우리 사회에 정의가 강물처럼 흐르게 할까 궁리하다가 판사가 되었습니다. 지금은 서울 남부 지방 법원에서 일하고 있습니다. 해야 할 일도 많고 힘든 점도 많지만 분쟁을 해결하는 과정에 보람을 느끼며 살고 있습니다. 분쟁이 줄어 우리 사회가 좀더 평화로워지는 모습을 보는 것이 꿈이랍니다.

탄탄 미래직업 속으로 판사가 될 테야

글 양지안 | 그림 김상균 | 감수 마은혁 | 기획 편집 아우라(김수현, 박선희, 김현숙) | 디자인 인앤아웃(김화정, 장승아, 김미선)
제작책임 강인석 | 제작 유정근 | 분해 신영칼라 | 종이 (주)아이피피 | 인쇄 인탑 | 제책 (주)영림인쇄

펴낸이 김동휘 | 펴낸곳 여원미디어(주) | 주소 경기도 파주시 교하읍 문발리 파주출판도시 519-1 탄탄스토리하우스
판매처 한국가드너(주) | 출판등록 제406-2009-0000032호 | 전화번호 080-523-4077 | 홈페이지 www.tantani.com
ⓒ여원미디어 ISBN 978-89-6168-587-0 · 978-89-6168-574-0(세트)

※ 이 책은 저작권법에 따라 국내에서 보호 받는 저작물이므로, 무단으로 이 책 내용의 전부 또는 일부를 복사, 복제, 배포하거나 전산 장치에 저장할 수 없습니다.
⚠ 주의 1. 책 모서리가 날카로워 다칠 수 있으니 사람을 향해 던지거나 떨어뜨리지 마십시오. 2. 보관할 때 직사광선이나 습기 찬 곳은 피해 주십시오.

판사가 될 테야

글 양지안 그림 김상균 감수 마은혁

예원미디어

판사에게 온 편지

월요일 아침, 법원 판사실.
나정의 판사는 편지 한 통을 받고 고개를 갸우뚱했습니다.
"이민주? 누구더라?"
선뜻 떠오르는 사람이 없었습니다.
"아!"
편지를 뜯어 보고 나서야 비로소 누구인지 생각이 났습니다.
"민주가 벌써 고등학생이 되었나 보네. 그때는 초등학생이었는데……."
나정의 판사는 5년 전 일을 떠올리며 편지를 읽어 내려갔습니다.

 법원은 소송 사건에 대하여 법에 따라 옳고 그름을 가리는 일을 하는 국가 기관이에요. 우리나라에는 최고 법원인 대법원 아래 항소심 법원인 고등 법원이 있고, 특별시, 광역시, 도청 소재지마다 지방 법원이 있어요.

변호인 죄를 지었다는 혐의를 받은 피고인에게 부탁을 받거나, 법원에 의해 선정되어 피고인이 억울한 일을 당하지 않도록 도와주는 사람이에요.

5년 전, 나정의 판사가 형사 합의부의 배석 판사로 있을 때,
민주 아빠 이철수 씨는 회사에 불을 질러 재판을 받게 되었습니다.
그동안 밀린 월급을 받으려고 회사와 다투다가 벌어진 일이었습니다.
월급을 주지 않은 회사도 잘못이었지만 불을 질러 회사에 피해를 입힌
이철수 씨도 큰 죄를 지은 것이었지요.
마음이 무거웠지만 죄를 지으면 벌을 받아야 한다는 판결을 내려야 했어요.
결국 이철수 씨는 교도소에 갈 수밖에 없었지요.
'아빠가 없는 동안 형편이 몹시 안 좋았을 텐데……'
나정의 판사는 어려운 처지에서도 꿋꿋하게 잘 자란 민주가 기특했습니다.

 ## 재판의 시작

나정의 판사는 민주의 편지를 서랍에 넣어 두고, 책상 위에 쌓인
소장과 소송 기록을 살폈습니다.
어떤 할머니가 잔칫집에서 싸 온 음식을 먹고 탈이 난 일부터
축구장 옆 산책로에서 자전거를 타던 어린이가 날아온 축구공에 다친 사고까지
꼼꼼히 읽었지요. 소송 기록에는 어떤 일이 어떻게 일어났으니
누가 잘못했는지 가려 달라는 내용과 증거 자료가 담겨 있습니다.
법원에 소장을 낸 원고는 피고가 잘못했다고 주장하고, 소송을 당한 피고는
잘못이 없다고 주장하기 마련입니다.
판사는 원고와 피고가 낸 자료를 살펴보고 난 뒤에 그들을 직접 만나
이야기를 들어 보고 잘잘못을 가려 주어야 하지요.
그래서 올바른 판결을 내리려면 소송 기록을 꼼꼼하게 살펴보아야 한답니다.

소장 누군가로부터 억울한 일을 당했을 때 울고 그릇을 가려 달라고 법원에 내는 서류예요. 소장에는 언제 어떤 일을 어떻게 당했는지 중요한 내용이 빠짐없이 잘 정리되어 있지요.

골무 골무는 바느질할 때 손가락을 보호하기 위해 끼는 것이에요. 판사도 산더미처럼 쌓인 소장과 소송 기록을 읽을 때 골무를 끼는데, 골무를 끼면 한 장 한 장 넘기기도 편하고 손가락도 아프지 않기 때문이지요. 판사가 끼는 골무는 고무로 만들어요.

소 장

원고 이보람
주소 반짝도 샛별시 부○○ 23-4
법정 대리인 친권자 부 이○○ 모 전혜린

피고 샛별시 대표자 시장 김○○

청구 취지
피고는 원고에게 90,000,000원 및 이에 대한 20**. 4. 2.부터 이 사건 ○○○○○○○일까지 연 5%, 그 다음 날부터 다 갚는 날까지 연 20%의 비율에 의한 금원을 지급하라.

청구 원인
1. 원고는 20**년 4월 2일 샛별시 랄라 공원 산책로에서 자전거를 타고 있었○
2. 산책로 옆 축구장에서 축구공이 날아와 원고의 머리에 맞았습니다. 원고는 중심을 잃고 쓰러져 머리가 땅에 부딪혔습니다.
3. 이 사고로 원고는 8주 동안 병원에서 입원 치료를 ○○○○
4. 사람들이 많이 지나다니는 산책로 바로 옆에 축구○○○○○○○○ 일어난 사고입니다.
5. 안전시설을 갖추지 않고 소홀히 관리한 샛별시 ○○○○○○○ 안전시설을 ○○○○○○○○○○○○○○○○○○○○○○○료를 물어내○

입증 방법
1. 진단서
2. 사고 당시 사진
3. 사고 현장 사진

○부 서류
소장 부본 1부
입증 서류 1부

*. **. **.

요즘 나정의 판사는 민사 단독 재판을 맡고 있습니다.
민사 단독 재판은 판사가 한 명이라 나정의 판사 혼자 재판을 진행해요.
지금 진행되는 사건은 '축구장 안전 소홀로 인한 사고'에 대한 것이에요.
산책로에서 자전거를 타다가 축구공에 맞아 다친 것은 시에서
산책로 옆에 축구장을 지으면서 안전시설을 하지 않았기 때문이라는 것이
원고의 주장이었지요.
"피고 소송 대리인, 반론하시겠습니까?"
나정의 판사는 피고 측 변호사에게 물었습니다.
"네, 이번 사건은 원고가 주의를 기울이지 않아서 생긴 일입니다.
축구장이 지어진 지 6개월이 지났지만 그동안 사고가 난 적이 없거든요."
변호사의 말에 원고의 아버지가 발끈 화를 냈습니다.
"그건 지금까지 축구장을 이용하는 사람이 많지 않아서 그런 것이죠.
안전망 하나 없이 산책로 옆에 축구장을 만든 시가 잘못한 것입니다."
이야기를 듣던 나정의 판사가 차분한 목소리로 말했습니다.
"현장에 가서 직접 살펴보아야겠군요."

현장 검증은 올바른 판단을 내리기 위해 사건 현장에 나가서 사건이 일어난 상황이나 배경을 살펴보는 일이에요. 자동차 사고나, 공사장 또는 도로와 관련된 사건을 재판할 때에는 현장 검증을 나가는 일이 많아요.

나정의 판사는 현장 검증 날짜를 잡아 공원에 갔습니다.
"판사님, 보십시오. 이렇게 산책로 바로 옆에 축구장이 있습니다.
우리 아이가 이 길을 지나다 공에 맞아 쓰러지면서
땅바닥에 머리를 부딪혀 다쳤습니다."
원고의 아버지가 사고 과정을 자세히 설명하는 동안에도
여러 사람이 자전거를 타거나 걸어서 산책로를 지나갔습니다.
'축구장이 산책로와 이렇게 가까운데 울타리도 안 치다니.'
나정의 판사는 축구장과 산책로를 오가며 안전시설을 살피고
주위 사람들의 말을 들어 보았습니다.
현장 검증을 마친 나정의 판사는 원고와 피고 쪽 변호사에게 말했습니다.
"오늘 현장에서 확인한 사실을 바탕으로 다음 재판은 다음 주 수요일에
하도록 하겠습니다."

소장 검토

현장 검증을 마치고 법원으로 돌아온 나정의 판사는
새로 들어온 소장들을 차례차례 살펴보았습니다.
아무래도 오늘도 밤늦게까지 일을 해야 할 것 같습니다.
나정의 판사가 맡고 있는 민사 재판은 개인의 재산이나 권리에 관한
다툼을 해결하는 재판을 말합니다. 소송을 낸 원고는 자신이 옳다고
주장하지만 판사는 한쪽의 주장만 듣고 판결을 내릴 수 없습니다.
주장을 뒷받침해 줄 만한 증거를 보고 판단을 해야 하지요.
하지만 민사 재판에서는 명확한 증거가 없는 경우가 많아
판결을 내리기가 무척 어렵답니다.

조정과 화해

이번에 맡은 사건 가운데 하나도 원고와 피고가 증거를 대기 어려운 다툼이었습니다. 아들과 어머니의 다툼으로, 아들은 아버지가 물려준 재산을 어머니가 빼돌렸다고 하고 어머니는 아들에게 다 주고 남은 것이 없다고 했지요. 나정의 판사가 물었습니다.
"아들에게 돈을 준 증거가 없다고 하셨지요?
그렇다면 혹시 아들에게 돈을 주는 것을 본 증인은 있습니까?"
어머니가 고개를 저었습니다.
"없습니다."
그러자 아들이 얼른 말했습니다.
"저는 어머니가 돈을 빼돌린 걸 증언해 줄 사람이 있습니다."
나정의 판사는 증인을 만나 보기로 했습니다.
"좋습니다. 그럼, 다음 주에 증인 신문을 하겠습니다."

 조정은 판사가 원고와 피고 사이의 다툼을 판사의 판결을 통하지 않고 서로 양보해서 화해하여 끝내도록 하는 제도예요.

한 걸음 더 억울하면 증거를 대!

재판에서 어느 쪽이 옳은지 그른지를 판단할 때는 증거가 중요해요. 증거에 의해 사실을 인정하지요. 말이나 의심만으로는 판단을 내릴 수 없기 때문이에요. 이것을 '증거 재판주의'라고 해요.

증인 재판에서 자신이 원고 또는 피고에 대해서 알고 있거나 경험한 것을 이야기하도록 명령을 받은 사람이에요.

법원 사무관 사무관은 사법부에 속해 일하는 일반 공무원이에요. 사무관 가운데에는 판사를 보좌하여 재판과 관련된 일을 하는 사람도 있고, 등기나 공탁 업무 등을 담당하는 사람도 있어요.

일주일 뒤에 원고의 주장을 뒷받침해 줄 사람이
증인으로 법정에 섰습니다.
증인은 판사의 안내에 따라 증인 선서를 했어요.
나정의 판사가 증인에게 물었습니다.
"증인이 피고가 돈을 많이 갖고 있다고 말하는 것을 들었다고요?"
"네, 아들이 알면 안 되는 돈이라고 했습니다."
"그게 언제죠?"
"음, 그게……. 두 달 전인가?"
증인은 더듬더듬하며 말을 제대로 잇지 못했습니다.
판사는 계속해서 증인에게 몇 가지 질문을 던졌습니다.
나정의 판사는 증인이 미덥지 않았습니다.
"증인, 법정에서 거짓말을 하면 죄가 된다는 거 아시지요?
기억나지 않으면 모른다고 하세요."
원고인 아들의 부탁으로 거짓말을 하러 왔던 증인은
나정의 판사의 말에 아는 게 없다고 하며 서둘러 돌아갔습니다.

> **한 걸음 더** 거짓말하면 정말 벌 받는다!
>
> 법정에 증인으로 나선 사람은 먼저 '증인 선서'를 해요. "본인은 양심에 따라 사실 그대로 말하고 만일 거짓말이 있으면 위증의 벌을 받기로 맹세합니다."라는 증인 선서문을 읽지요. 여기서 '위증'이란 '거짓 증언'을 말해요. 만약 위증한 것이 들통 나면 벌을 받아요. 하지만 증인 선서를 하고도 거짓말을 하는 증인이 있으므로 판사는 증인이 거짓말을 하는지, 참말을 하는지 잘 판단해야 하지요.

나정의 판사는 아들과 어머니의 재판 때문에 마음이 편치 않았습니다.
판사실에서나 집에서나 '어떻게 하면 좋을까?' 하는 생각이
머리에서 떠나지 않았지요.
원고와 피고가 서로 이해하고 양보하여 화해하도록 하는 것도
판사가 해야 할 중요한 일이거든요.
'화해를 하면 좋을 텐데……'
퇴근을 하면서도 좋은 방법이 없을까 골똘히 생각하던 나정의 판사의 눈에
한 아이와 엄마의 모습이 들어왔습니다.
"엄마, 다리 아파. 업어 줘!"
아이가 떼를 쓰자 엄마는 무거운 짐을 든 채 아이를 업었습니다.
'그 아주머니도 저렇게 자식을 키웠을 텐데.
자식이 부모의 은혜를 돌이켜 생각한다면……. 아, 바로 그거야!'
나정의 판사에게 좋은 생각이 떠올랐습니다.

나정의 판사는 법정이 아닌 판사실로 어머니와 아들을 불렀습니다. 두 사람이 자리에 앉자 나정의 판사는 〈회심곡〉이라는 노래를 틀었지요.
"진자리는 인자하신 어머님이 누우시고 마른자리는 아기를 뉘며, 음식이라도 맛을 보고 쓰디쓴 것은 어머님이 잡수시고 다디단 것은 아기를 먹여……."
노래를 듣던 어머니가 먼저 눈물을 떨어뜨리며 흐느꼈습니다.
아들도 눈시울이 붉어진 채 천천히 말을 꺼냈습니다.
"저, 그게 사업이 안 돼 돈이 모자라고 그래서…….
어머니, 죄송합니다."
아들은 눈물을 흘리며 고개를 숙였습니다.
어머니는 아들의 손을 꼭 잡고 나정의 판사에게 말했습니다.
"고맙습니다, 판사님! 정말 고마워요."

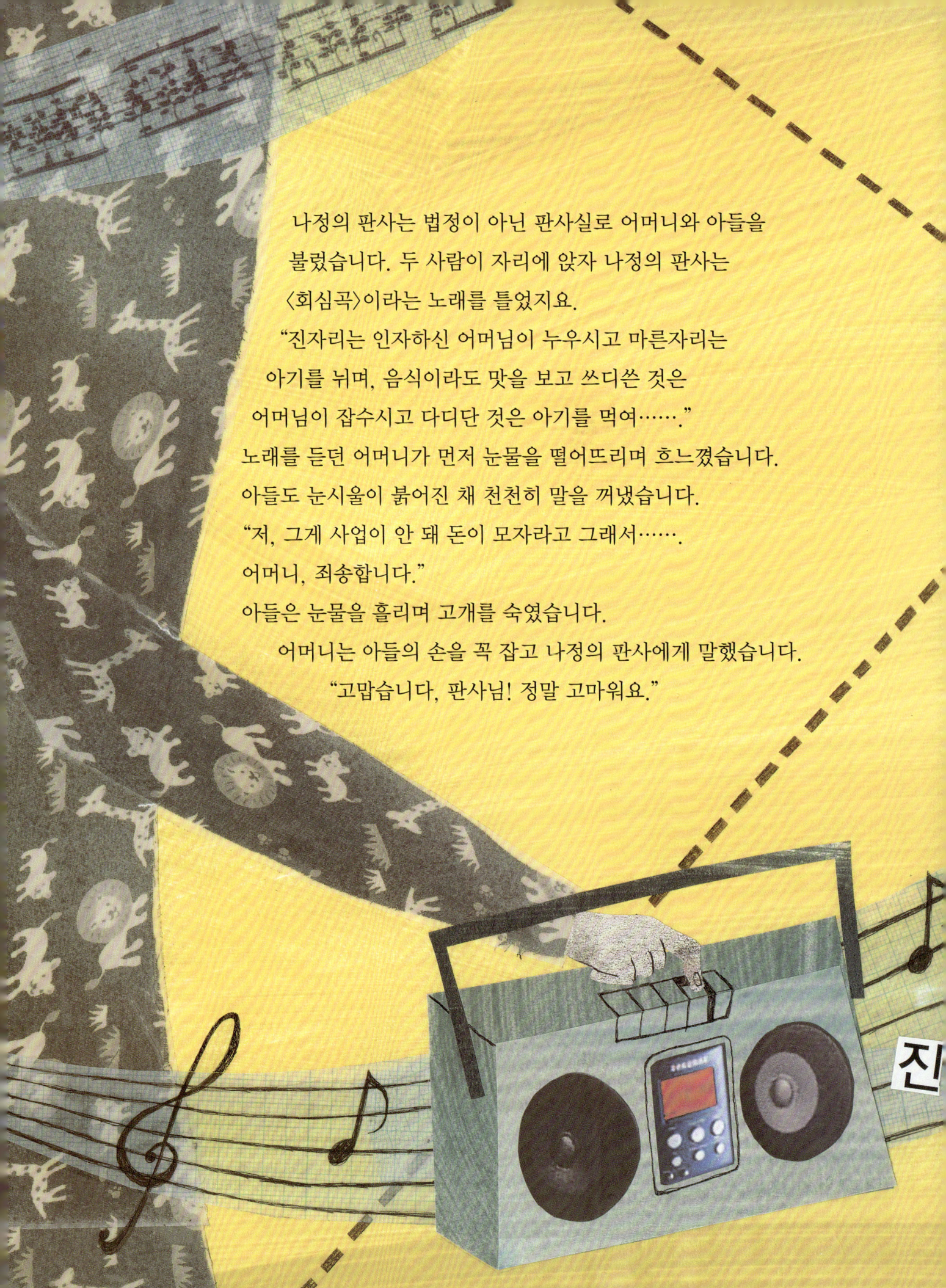

 법에 따른 판결

아들과 어머니의 다툼은 다행히 없던 일이
되었습니다. 그러나 모든 일이 이처럼
판사의 뜻대로 술술 풀리는 것은 아닙니다.
판사가 아무리 애를 써서 화해를 시키려 해도
화해가 되지 않을 때는 법에 따라 판결을 내려야 하지요.
'축구장 사건' 재판을 앞두고 나정의 판사는
이 사건과 비슷한 사례가 있는지 판례집을 찾아보고,
동료 판사들의 의견도 들어 보았습니다.
이렇게 다양한 의견을 듣는 일은 원고와 피고,
어느 한쪽으로 기울지 않고 정확한 판단을 내리는 데
도움이 되지요. 그러나 가장 중요한 것은 사건을 맡은
판사의 판단력입니다.

판례집 판례를 모아 놓은 책이에요. 판례는 법원이 어떤 사건에 대해서 법을 해석하고 적용하여 내린 판단이나 재판의 결과를 가리키는 말이에요. 요즘에는 판례집이 아니라 전산화된 판례 검색 시스템을 이용하여 판례를 찾아본답니다.

> **한 걸음 더** 법을 나타내는 상징물, 해태와 정의의 여신
>
> 해태(해치)는 상상의 동물인데, 우리나라 사람들은 오래전부터 해태가 법을 지켜 준다고 여겼어요. 그런가 하면 서양에서는 정의의 여신(법의 여신)을 법의 상징물로 여긴답니다. 정의의 여신은 한 손에는 저울을, 다른 한 손에는 칼이나 법전을 들고 있어요. 또 대개는 눈을 감거나 가리고 있지요. 어느 한쪽으로 마음이 기울지 않고 공정한 판결을 내려야 한다는 뜻이 담겨 있답니다.

판사는 원고와 피고 가운데 누가 잘못했는지만이 아니라
얼마큼 잘못했는지, 어떤 책임을 져야 하는지도 가려내야 해요.
그러기 위해서 판사는 우리나라 으뜸 법인 헌법을 비롯하여 온갖 법과 판례를
잘 알아야 합니다. 더불어 사람살이와 세상을 깊이 이해해야 하고요.
　그러지 않고서는 사건을 제대로 이해하기도 힘들고
　　바른 판결을 내리기도 어렵지요.
　　　나정의 판사는 바쁜 재판 일정에도 꾸준히 신문을 보고 책을 읽습니다.
　　　　출근하지 않는 주말에는 봉사 활동도 열심히 하지요.
　　　　　물론 가끔 몸이 피곤해 꾀가 날 때도 있어요.
　　　　　　하지만 다양한 사람들을 만나고 경험을 많이 해 보아야
　　　　　　　자기 의견만 옳다고 생각하는 마음이 줄어들고,
　　　　　　　그래야 바른 판결을 내릴 수 있다는 것을 알기 때문에
　　　　　　　　게으름을 피우지 않아요.

밤새워 판결문 쓰기

나정의 판사는 축구장 사건의 선고 재판을 앞두고 판결문을 씁니다.
원고와 피고가 냈던 증거 자료를 다시 살펴보고,
증거 자료 가운데 어느 것은 믿을 만하고 어느 것은 믿을 수 없는지
확인했어요. 그러고 나서 관련된 법을 조사하여 정리했습니다.
판사가 하는 일 가운데 많은 부분을 차지하고,
그만큼 중요한 것이 바로 사건 기록을 읽고 판결문을 쓰는 일입니다.
나정의 판사는 축구장 사건을 비롯하여 여러 사건을 올바르게 판결하고,
알기 쉽고 정확하게 쓰고자 판결문을 고치고 또 고치느라
밤이 깊어 가는 줄도 몰랐습니다.

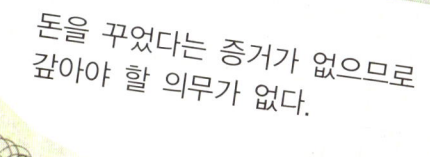

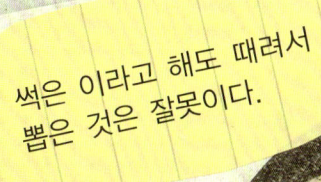

> **한 걸음 더** 사라지지 않는 판결문
>
> 판결문에는 사건 과정과 판단 내용이 고스란히 담겨요. 법정에서 발표된 판결문은 영원히 보관돼요. 나중에 그와 비슷한 사건이 생겼을 때 참고해 보기도 하지요. 판결문은 잘못 판단했다고, 마음에 안 든다고 뒤늦게 고치거나 없앨 수 없답니다. 예전에는 어려운 법률 용어나 한자어로 판결문을 써서 사람들이 이해하기 힘들었지만, 요즘에는 누구나 알 수 있도록 쉬운 말로 쓰려고 노력한답니다.

선고 재판이 있는 날.
법정에 나온 사람들은 모두 나정의 판사가 읽는 판결문에
귀를 바짝 기울였습니다.
"피고 샛별시가 축구장을 지을 때 안전시설을
마련하지 않은 잘못이 크다. 피고는 원고가 입은 물질적,
정신적 손해를 배상할 책임이 있다."
나정의 판사는 사건의 내용과 판결을 내리게 된 까닭을
자세히 설명한 뒤에 피고가 원고에게 치료비와 위자료를
주어야 한다고 판결했습니다.
원고의 아버지는 바라던 판결이 나오자 안도의 한숨을 내쉬었지요.
나정의 판사는 가벼운 마음으로 법정을 나섰습니다.

한 걸음 더 마음에 안 들면 다시!

만약 판사가 내린 판결이 잘못되었다고 생각하면 다른 판사에게 다시 재판을 받을 수 있어요. 한 사건에 세 번까지 재판을 받을 수가 있는데, 이를 '삼심 제도'라고 한답니다. 삼심 제도는 억울한 일이 없도록 하기 위해 만들어졌어요. 판사는 여러 상황을 잘 살펴 법에 따라 판결을 내리지만 만에 하나라도 잘못된 판단이나 실수가 있을 수 있기 때문이지요.

 평화를 위해 애쓰는 사람

인구야, 편지 잘 받았다.
아버지 없는 동안 많이 힘들었을 텐데
씩씩하게 잘 견뎌 냈구나.
기특하고, 고맙다.
인구라면 분명 좋은 판사가 될 거라 믿는다.
머지않아 동료 판사로 만나겠구나.
그날을 손꼽아 기다릴게.

다시 월요일이 되었습니다.
이번 주에도 나정의 판사는 수많은 소장을 살피고,
원고와 피고를 만나고, 현장 검증을 하고, 판결문을 쓰고,
재판을 할 것입니다.
그리고 가끔은 민주에게 편지를 썼던 것처럼
재판에서 만난 소중한 인연에게 힘을 주기도 할 것입니다.
다툼이 없는 평화로운 세상을 만드는 데
힘을 보태고 있다는 보람을 안고서 말입니다.

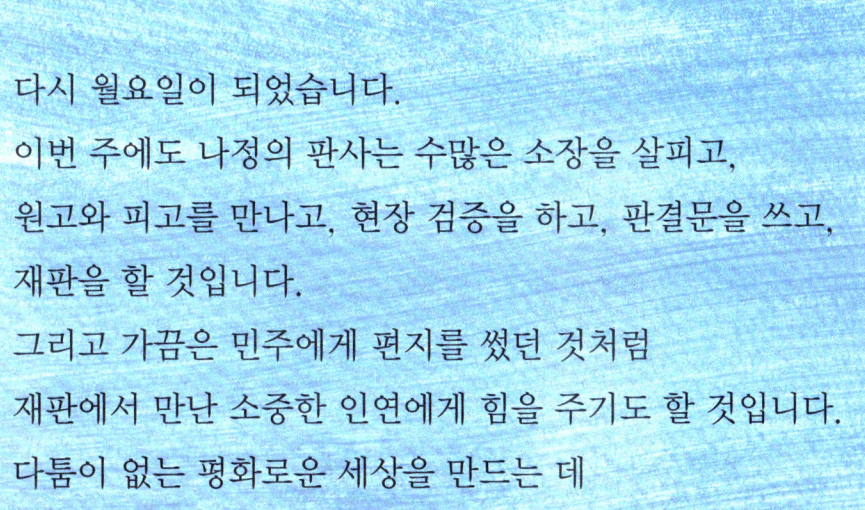

직업쏙쏙 1

판사가 되려면!

판사는 옳고 그름을 판단하여 다툼을 해결해 주고,
정의를 실현하여 사회 질서를 바로잡아 주는 일을 하지요.
판사가 되려면 어떤 자질을 갖추어야 할까요?
미로를 따라가면서 여러분에게 판사가 될 자질이 있는지
살펴보아요. 자, 그럼 출발해 봅시다!

* 길에서 만나는 보물은 판사에게 꼭 필요한 자질을 나타낸답니다.

➡ 출발

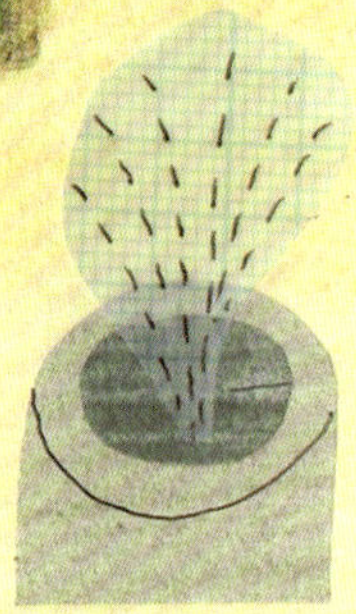

판사는 재판 결과를 판결문으로 써야 해요. 한 번 만들어지면 영원히 남는 판결문! 판사는 글쓰기를 좋아하고, 자기의 생각을 잘 정리해서 글을 쓸 수 있어야 해요.

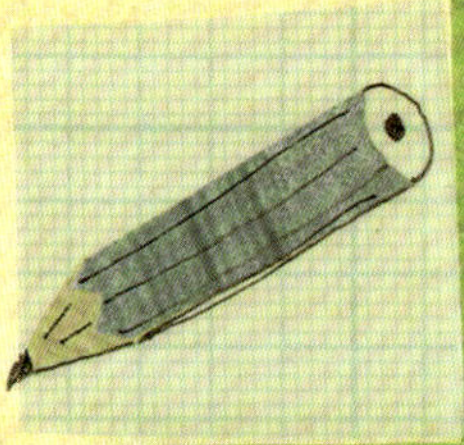

판사는 법에 따라 판결을 내리기 때문에 법을 잘 알아야 해요. 법률 공부를 많이 하고 시험을 통과해야 판사가 될 수 있어요.

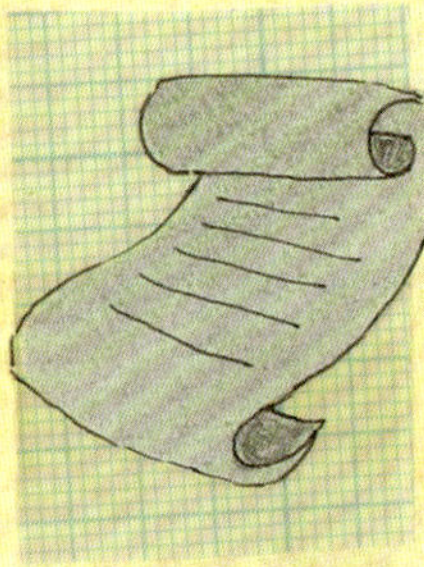

만약 내가 판사라면!

만약 여러분이 다음과 같은 사건을 맡는다면 어떤 판결을 내릴지 생각해 보아요.

원님에게 항의한 이계심 사건

200년 전 조선 시대에 있었던 일입니다.
이계심이라는 사람이 백성을 이끌고 시위를 벌였습니다.
"세금을 너무 많이 걷으니 살 수가 없다!"
벼슬아치가 잘못해도 백성은 말 한마디 제대로 하기 어려운 때였는데, 이계심은 1000여 명이나 되는 백성을 모아 원님의 잘못을 낱낱이 들춰내며 항의를 한 것이지요. 그러자 나라에서는
사람들의 마음을 어지럽혔다는 이유로 이계심을 붙잡아 큰 벌을 내리라고 명령했습니다.

정약용이 내린 판결

이 일은 조선 시대 실학자로 이름난 정약용이 황해도 곡성 도호 부사로 있을 때 맡은 사건입니다.
정약용은 이렇게 판결했습니다.
"관리가 잘못하면 마땅히 따져 잘못을 바로잡도록 해야 한다.
잘못한 것을 바로잡기 위해 떨쳐 일어난 것은 칭찬 받을 일이지 벌 받을 일이 아니다.
이계심은 죄가 없다. 이계심과 같은 사람이 많이 나와야 나라가 바로 선다."

빵을 훔친 할아버지 사건

미국에서 일어난 일입니다.
어느 추운 날이었어요.
집 없이 떠도는 할아버지가
빵을 하나 훔쳤습니다.
"도둑이야, 도둑!"
빵을 훔쳐 달아나던 할아버지는
얼마 가지 못해 붙잡혔어요.
할아버지는 곧 재판을 받게 되었습니다.
판사가 할아버지에게 왜 빵을 훔쳤냐고
묻자, 할아버지는 이렇게 대답했어요.
"며칠째 아무것도 못 먹었습니다.
너무 배가 고파 참을 수가 없었습니다.
한 번만 용서해 주십시오."
할아버지는 눈물을 흘리며
간절히 빌었습니다.

라 가디아가 내린 판결

미국 뉴욕 시장을 지냈던 라 가디아 판사는 빵을 훔친 할아버지에게 말했습니다.
"법은 법입니다. 할아버지는 빵을 훔쳤으니 벌금 10달러를 내십시오."
그런 다음 라 가디아 판사는 자신과 법정에 있는 사람들에게도 벌금을 물렸습니다.
"우리는 같은 마을에 살면서도 할아버지가 죄를 짓기 전에 막지 못했으니,
우리 역시 죄를 지은 것입니다."
라 가디아 판사는 할아버지의 벌금을 대신 내 주었습니다.
그리고 사람들에게 거둔 돈을 모두 할아버지에게 주었답니다.

판사는요,

우리 사회에서 개인이나 단체 사이에 다툼이 생겼을 때 직접 싸우지 않고, 법에 따라 잘잘못을 가리거나 갈등을 조정하도록 애쓰는 사람이에요. 법을 이용해 사람들이 평화롭게 지낼 수 있게 하는 것이지요.

판사라고 하면 멋지게만 보이지만, 사실은 마음의 부담도 크고 체력도 많이 필요한 직업이에요. 자신의 결정이 다른 사람들에게 중요한 영향을 미치고 업무도 매우 많은 편이라 항상 바쁘기 때문이지요.

판사는 무엇보다 우리 사회를 좀더 살기 좋은 곳으로 만들겠다는 강한 책임감과 함께 늘 공정하고 진실한 마음을 가져야 해요. 또 다양한 분야의 지식도 있어야 하고 판단력도 정확해야 하며 다른 사람을 이해하는 따뜻한 마음도 필요해요.

사람들이 살기 시작한 때부터 지금까지 다툼이 없던 때가 없는 만큼 중간에서 그 문제를 해결해 주는 사람은 늘 필요했어요. 그런데 사회가 점점 복잡해지면서 다툼의 종류와 수도 늘어나고 있답니다. 그러니 그만큼 다양한 분야의 판사도 필요하지 않을까요? 여러분이 한번 도전해 보는 건 어떨까요?

• **도움을 준 책과 인터넷 사이트**

《대한민국 판사 검사 변호사》 1·2, 유대인, 삼성각
《법도 때로는 눈물을 흘린다》, 김희수, 삼인
《판사 검사 변호사가 말하는 법조인》, 임수빈 외, 부키
《판사 한기택》, 한기택을 기억하는 사람들, 궁리출판사
《한국 법조의 세 어른》, 김진배 외, 한국법조3성기념사업회
명쾌한 판사와 함께하는 법원스토리 http://blog.naver.com/law_zzang

• **일러두기**

1. 맞춤법과 띄어쓰기는 국립국어원에서 펴낸 《표준국어대사전》을 기준으로 삼았습니다.
2. 외국 인명, 지명은 국립국어원의 《외래어 표기 용례집》을 따랐습니다.
3. 용어는 국립국어원에서 펴낸 《표준국어대사전》을 따랐습니다.
4. 이 책에 나오는 사건들은 판사가 하는 일을 쉽게 이해할 수 있도록 허구로 구성한 것입니다.